# VOCABULAIRE

# DU BERRY

## ET DES

## PROVINCES VOISINES,

RECUEILLI

PAR UN AMATEUR DU VIEUX LANGAGE.

*(PREMIÈRE ÉDITION.)*

## A PARIS,

DE L'IMPRIMERIE DE CRAPELET,
RUE DE VAUGIRARD, N° 9.

1838.

# VOCABULAIRE

# DU BERRY

### ET DES

### PROVINCES VOISINES.

*Nota*. Les curieux entré les mains desquels cet écrit tombera sont priés de vouloir bien contribuer à le compléter, en adressant leurs observations à M. le Conservateur du Musée départemental, à Bourges.

C.

# VOCABULAIRE

# DU BERRY

## ET DES

## PROVINCES VOISINES,

RECUEILLI

PAR UN **AMATEUR DU VIEUX LANGAGE.**

( PREMIÈRE ÉDITION. )

A PARIS,

DE L'IMPRIMERIE DE CRAPELET,

RUE DE VAUGIRARD, N° 9.

1838.

# VOCABULAIRE

# DU BERRY

ET

## DES PROVINCES VOISINES.

## A

*Abbateleux*, — bateleur, arracheur de dents, saltimbanque.

*Aboïfou*, — étourdi.

*Aboïlée*, — se dit en parlant d'une femme qui est accouchée, et affaiblie.

*Aboter*, — arriver au but.

*Abraser* [1], — écraser.

*Abuter* [2], — commettre des abus, délits.

*Accagner*, — provoquer, exciter.

*Accalandre*, — cigale; se dit d'une personne qui chante bien : Elle chante comme une *accalandre*.

*Accorgeant*, — quelqu'un qui cause du dégoût. Dérivés : il *accorge*, il est *accorgé*, etc.; s'entend plutôt du corps que de l'esprit.

*Accoter*, — appuyer.

*Acny*, — tombé d'inanition.

*Acquerselle*, — crécelle; se dit d'une personne maigre : Elle est maigre comme une *acquerselle*.

*Acquiller*, — écurer ou récurer la vaisselle.

*Acquotté, ée*, — se dit d'une personne et d'une machine qui est sans mouvement; arrêté dans une ornière. *Acquotter*, — arrêter une porte.

*Actionneux*, — se dit de quelqu'un qui est actif, vigilant.

*Adresse* (voy. *Dressière*), — sentier qui abrége le chemin.

*Affié (à mon)*, — à mon égard.

*Affilée (d')*, — route faite sans rafraîchir, tout d'une haleine.

*Affranchisseur*, — châtreur de bestiaux.

*Affutter*, — attirer adroitement quelqu'un dans le piége. *Affutter*, — aiguiser un outil.

*Aga*, — regarde. [3]

[1] Dérivé du latin *abrado, asum*. — [2] Dér. du lat. *abuti, or*. — [3] Voyez *Festin de Pierre*, de T. Corneille, acte II, sc. 1re.

*Agas d'eau,* — abondance.

*Agouan,* — importun, désagréable. *Agouantise,* — importunité, désagrément.

*Agoué (cochon),* — cochon à point, gras, consommant peu.

*Aiquander,* — ôter la queue.

*Aiguière,* — rigole dans les champs.

*Aijé, Aisé ( c'est bien ),* fin de phrase pour appuyer le récit d'une chose fâcheuse.

*Ajider* [1], — aider.

*Ajiorure,* — action brusque et de peu de durée dans un travail.

*Ajuter,* — niveler. *Ajuter les vaches,* — traire les vaches.

*Alfier* (voy. *Éfier*).

*Alicot,* — petit obstacle; bois recepé, qui fait saillie.

*Alide (il)* [2], — il fait des éclairs.

*Alle,* — elle.

*Allipiau,* — guenille, oripeau.

*Aloupé ( le feu est),* — étouffé, sans courant d'air.

*Alourdi,* — éprouver de l'étourdissement.

*Amalocher,* — tromper quelqu'un par un raisonnement spécieux.

*Amaucheté,* — chose dont on tire mauvais parti. Ce père a *amaucheté* sa fille, c'est-à-dire l'a mal mariée.

*Amignoner* [3], — caresser.

*Amoder* [4], — se débarrasser d'un importun, l'éconduire vite et avec rudesse.

*Ancanché, ée,* — se dit de quelqu'un qui est dans l'embarras. Il *s'ancanche,* il fait mal ses affaires, il se ruine, etc. (v. *Encanche*).

*Ancelé (celer, cacher)* [5], — à l'abri de la pluie.

*Andosse,* — se dit d'un niais embarrassant.

*Annchui,* — aujourd'hui.

*Annicheur, Annichonner* [6], — mauvais lecteur; il *annichonne,* etc.

*Annoge* [7], — jeune bête à laine, ou bovine.

*Anté* +, *super anté* ⨎, *super anté té* ⨎, — paroles magiques avec signes de croix pour guérir les entorses. (Voyez *Artout.*)

*Apchée* [8], — cadeau, friandise.

*Apché,* — éclos, sorti de la *creuse* (coquille).

*Apicrais,* — terme de pêche; lot ou gratification de poisson.

*Appamyé, ée* [9], — tombé en pamoison, en défaillance. Dérivé: *Je m'appamys.*

*Apparer,* — chose pareille, égaliser des choses.

*Appente (je m'en); s'appenter (s'inquiéter),* — cela me donne du souci.

*Applyettes,* — menue vaisselle.

*Apport,* — assemblée de village.

*Aragan,* — ouragan, tempête, orage.

*Aramé (soulé), à soulé aramé, s'arame,* — soleil qui se couche, qui est à l'horizon, dans le feuillage, au soleil couché.

*Araper* [10], — saisir quelque chose qui s'échappe.

*Arbulettes (les),* — éblouissements, trouble de la vue.

---

[1] Dérivé du latin *adjuvo.* — [2] A Issoudun. — [3] Dér. de *mignon.* — [4] Dér. du lat. *amoveo, ere.* — [5] Dans le Saucerrois. — [6] Dér. de *annoner.* — [7] A Saint-Amaud. — [8] A Saint-Amand. — [9] Dér. de *pâmer.* — [10] Dér. du lat. *rapio, ere.*

*Arburon*, — partie supérieure d'un bas.

*Arcoupter*, — recommencer une chose.

*Ardez*, — voyez; regardez.

*Armander*, — raccommoder des hardes.

*Arœiller (s')* [1], — ouvrir les yeux tout grands. Enfant qui *s'arœille* : ouvre les yeux, sourit, reconnaît. C'est une *fumelle qui s'arœille bin* (voyez ce mot) : c'est-à-dire, qui a des yeux égrillards; elle a des yeux à la perdition de son âme.

*Arraper* [2], — tromper; joindre en route quelqu'un. (V. *Araper*.)

*Arrié*, — mot explétif. (*Enim verò*.)

*Arsier*, — sieste; temps que les bestiaux restent à l'étable pendant la chaleur du jour.

*Artout*, — orteil. (En même temps que le guérisseur d'entorses pro-

nonce les redoutables paroles : *anté, super anté et super anté té*, il fait avec l'*artout* du pied gauche trois signes de croix sur la partie malade.

*Assaboin*, — pour exprimer avoir été épouvanté par un grand bruit, de manière à ne plus entendre.

*Assabouir*, — assourdir, étourdir par un bruit ou des coups.

*Assiéter (siéter)*, — asseoir.

*Assillages*, — agrès de charrue.

*Assitouée*, — meuble ou lieu propre à s'asseoir.

*Asté*, — sécheresse.

*Astigoller*, — pousser rigoureusement une affaire, une tâche.

*Attifiaux* ou *Attifoniaux*, — ornements de gazes, de dentelles.

*Attolée*, — repas long et prolongé.

*Attry* [3], — tort, dégât; causer de l'*attry*, du dommage à quelqu'un dans ses biens.

---

[1] Dérivé de *œil*. — [2] A Saint-Amand. — [3] Dér. du lat. *attero, attritum*.

-nonce les redoutables parol-
tutte, superante et super eur-
té, il fait avec l'autour du pied
garnic trois signes de croix sur
la partie malade.

Absoudre, — pour exprimer avoir
été épouvanté par un grand
bruit, de manière à ne plus en-
[illegible].

A[illegible], — assourdir, étourdir
par un bruit ou des coups.

Assoter (s'être), — assoir.

Atouillage, — après de observ[illegible]

Axerteme. — meuble ou lieu propre à s'asseoir.

[illegible]Aste, — s'échereste

Aségotte, — [illegible]
avoit une affaire, une tache.

Attisonne ou Attisonnere, — or-
[illegible]enta de peine, de damette.

[illegible]née, — [illegible]mps long et prolong-

[illegible]y, — [illegible] tort, dégât, cause d-
[illegible]rty, du dommage à quel-
qu'un dans ses biens.



Avanteur, — partie supérieure d'u-
ne chose.

Avantoyer, — [illegible] ... une
chose.

Avales, — voyez rogart[illegible].

Avumbler, — raccommoder des
hardes.

Aveiller (s'), — ouvrir les
yeux tout grands. Enfant qui
s'éveille : ouvre les yeux, cen-
[illegible]ef, recommak. C'est une fe-
[illegible]tte qui s'éveille bin, une [illegible]
[illegible] : c'est à dire, qui a des
[illegible]x éguillades, qui a des yeux
[illegible] pendille de sa ligne.

Avuper, — [illegible]; joindre
[illegible] (V. Aruper.)

Aguil, — [illegible] ( Bnix
[illegible]

Ayen, — sieste; temps que les
[illegible]niaux restent à l'étable pen-
[illegible] [illegible]leur du jour.

[illegible]e [illegible] il fait [illegible] temps
[illegible]son [illegible]

**B**

Babine, — lèvre.

Badrée, — marmelade.

Bafuter ou Baufuter, — dédaigner; soupçonner, douter de la probité, de la capacité de quelqu'un; mépriser, déprécier.

Bagüe, — retroussis de cotte, de robe.

Balantrain, — ménage.

Balin, — nuage léger.

Banchée, — se dit d'une jeune fille dont les bans ont été publiés.

Bassie, — évier de cuisine.

Baudeau, Baudiche, — veau, génisse.

Baulin, — oreiller, coussin; balasse.

Belle au coffre, — se dit d'une fille à marier dont la dot s'élève à cent écus au moins.

Bellement! — halte-là!

Bénaisté (trop de), — s'emploie en parlant de celui qui, enivré par la bonne fortune, n'a su se maintenir dans sa position.

Beniot, — panier sur un cheval.

Benne, — corbeille.

Berdoire, — une marre, ou mauvais pas causé par de la boue.

Berlau, — homme de rien, bête.

Berlu-berlu, — troc pour troc, en parlant d'échange sans retour.

Berlué ou Berlié, — œufs de Pâques.

Bernaclier, — bénitier.

Berné, enberné, — en parlant de quelqu'un qui est dans l'embarras, de mauvaises affaires ou dans l'ordure.

Bersilles, — petites bûches ou morceaux de bois.

Besoignes, — hardes, effets.

Beugeon [1], — musard.

Beugne, — bosse à la tête.

Beuteleux, — minutieux.

Biaude, — blouse (vêtement).

Biburé [2], — liquide prêt à verser.

Bicher, — baiser.

Bin, — bien (adverbe.)

Bistourné, — contrefait.

Boitte, — boisson faite avec des fruits.

Bordin [3], — individu évaporé.

Boucan, — noise, querelle; il a fait boucan, il y a du boucan.

Bouchure, — boucheture, haie. (Voyez Dictionn. de l'Acad.)

Boudru, — ventru.

Bouffe-la-balle, — joufflu.

Bouffer, — souffler, bouder.

Boulé, — gonflé, malade. — Mêlé; il a boulé ses ouailles, c'est-à-dire mêlé ses brebis.

Bouler, — soulever la terre en fouillant; se dit des taupes.

Bouraille, — crotte.

Bourde, — bâton ferré des mariniers.

Bourdir, — s'embourber.

[1] En Bourbonnais. — [2] Dériv. du lat. bibo. — [3] A Issoudun.

*Bourdir*, — rester dans un mauvais pas. Au figuré : manquer ; cette affaire a *bourdi*.

*Bourre* (*en*), — en grume, brut ; se dit aussi des bestiaux vendus vivants.

*Bourrique* (*faire tourner en*), — faire perdre la tête.

*Bourru*, — ânon ou âne mâle (à cause de leur poil bourru).

*Bourse* (domaine de PLATE-BOURSE), — nom bizarre d'un domaine près du Coupoy (Cher).

*Bouscoux*. (Voyez *Caillaux*.)

*Boussi-boula*, — pêle-mêle.

*Boutanfle*, — vessie.

*Bouygnotte*, — trou ou petit passage de forme ronde.

*Boyolle*, — cloche à la peau.

*Bragne*, — objet cassant, fragile. *Bragne* (femme), — femme stérile.

*Brament*, — bravement, bien.

*Branche* (*mouton qui a de la*), — mouton qui a les membres forts.

*Branler dans ses habits* (voy. *Fuyent*), — dépérissement d'un homme qui marche à sa fin.

*Brègnes* [1], — hardes ; vêtements.

*Brindie* (*à la*), — crépuscule.

*Brion* [2], — homme évaporé.

*Brolet*, — branches chargées de fruits.

*Broui, Berroui*, — se dit des productions arrêtées dans leur végétation par les brouillards ; se dit aussi des personnes qui ne se portent pas bien.

*Buie* ou *Buée* (buanderie), — lessive.

*Butin*, — bien, mobilier, richesse.

*By* (*mon*), — diminutif d'ami.

*Byottes*, — bluettes de feu.

*Bourrailler*, — dépôt de bourrées, de fagots.

---

[1] Dérivé de *braies*. — [2] A Issoudun.

# C

*Cachemitte* (*jouer à la*), — jouer à la main-chaude.

*Cacherotte*, — cachette.

*Cacouet*, — nuque.

*Cacquério*, — cousin (insecte).

*Cadet, Cadi, Cadichon, Cadichonneau, Cadichonet*, — garçon puîné et les suivants.

*Cadiche, Cadoche, Cadichonne*, — fille puînée et les suivantes.

*Caffe*, — impair.

*Cafignon*, — chausson.

*Cahuer*, — huer.

*Caillaux* (ou *Bouscoux*), — dernier né, en parlant d'un enfant, d'un oiseau.

*Caille-morte*, — syncope.

*Calabre*, — cadavre.

*Ça-lave*, — la boue est liquide.

*Calbasse* (*faire la*), — faire la culbute.

*Calon, Calo*, — noix.

*Calonnier, Calongnier*, — noyer.

*Camboisser*, — cambrer, courber légèrement.

*Campe* (*prendre la*), — prendre avec chaleur le parti de quelqu'un ; se dit aussi de celui qui, prenant un ton élevé, rabroue quelqu'un qui, au contraire, prétendait lui faire une mercuriale.

*Canard* (*mon*), — terme d'amitié appliqué aux enfants puînés.

*Canche*, — marre d'eau.

*Cancre*, — avare, usurier, vampire.

*Canquoire*, — hanneton.

*Carcassé*, — moulu, fatigué.

*Carder*, — avoir peur, se débattre.

*Carne* [1], — carogne, charogne.

*Carnin*, — jeune âne.

*Carniot*, — nuage noir.

*Carquas* (*carcasse*), — corps d'animal.

*Carrou, Careoir*, — croisement de quatre chemins ; lieu mystérieux où, dans le bon vieux temps, se tenait à minuit le sabbat des sorciers et magots, présidé par le malin. (Voyez *Meneux de loups*.)

*Cartille*, — parcelle.

*Cas* (*du*), — du bien, de la denrée, marchandise.

*Castille*, — querelle.

*Cataquoa*, — chignon de femme, queue et catogan d'homme.

*Cathère* (*fièvre de*), *cathémérine*, — fièvre scarlatine dont les accès reviennent tous les jours.

*Cathichimyé*, — catéchumène.

*Causer* (*elle fait causer d'elle*), — se dit d'une femme peu soigneuse de sa réputation.

*Cautient* (voy. *Demengeux*), — exigeant.

*Celle de cheux nous*, — maîtresse de la maison.

*Celui de cheux nous*, — maître de la maison.

*Chaffré*, — quelqu'un dont le corps ou les vêtements sont délabrés.

---

[1] Dérivé du latin *caro, carnis*.

*Chagnard*, — homme en dessous, têtu, rechigné, qui mord en riant.

*Chagnon* [1], — le derrière du col.

*Chairo*, — personne ou plante rabougrie.

*Challer*, — faire choix.

*Chambroller*, — brandiller bras et jambes.

*Champelure*, — cannelle de tonneau.

*Champy*, — bâtard gai, éveillé.

*Chamy*, — moisi.

*Chande*, — chanvre.

*Chapitio* [2], — porche.

*Chapotter*, — bûcher une pièce de bois.

*Chaptuser*, — couper menu.

*Charabiat* (*un*), — barbouilleur, homme qui ne se fait pas comprendre.

*Charabiater*, — tracasser, chicaner.

*Charasson*, — échalas.

*Charibaude*, — feu de chenevottes.

*Charpigneux, euse*, — hargneux, hargneuse.

*Charrée* ou *Cherrée* (*la*), — résidu des cendres de lessive.

*Charrié*, — drap de lessive.

*Chartis*, — charrette à ridelles.

*Chassoire* (*vache*), — vache en chaleur.

*Chatelet*, — dévidoire.

*Chaver* [3], — creuser sous quelque chose.

*Chemie ronde* [4], — blouse.

*Chemihette* [5], — veste.

*Chenillon* [6], — déguenillé.

*Ch'ti, Ch'tite*, — chétif, chétive, mauvais, mauvaise.

*Chevaller*, — faire un chenal dans le sable d'une rivière.

*Chien frais* (*parler*), — se dit de celui qui ne parle pas naturellement, qui pindarise.

*Chinchin* (*un*), — une petite quantité.

*Choppe*, — poire molle.

*Chouser* [7], — s'occuper, travailler à quelque chose.

*Chuir*, — venir à bout de quelque chose.

*Chutrin* [8], — petite maison.

*Cliocher* (clocher), — commettre une faute grave; — il *clioche* par-là, il manque par-là; — elle a *clioché*, se dit d'une fille qui a failli : plus poli que : elle a cassé son sabot. (V. *Sabot.*) On dit encore sa santé ou ses affaires *cliochent*, c'est-à-dire se dérangent.

*Clyardie* (*à la*), — au point du jour.

*Coche* (*ça fait*), — entaille; cela porte coup, cela fait entaille. Se dit d'un accident de nature à compromettre la réputation et la fortune de quelqu'un.

*Cochelin*, — cadeau que les parents font à une mariée, et ordinairement composé d'ustensiles de ménage.

*Coder*, — plier, courber.

*Cofignau*, — cuiller dont le manche est creusé comme un tuyau, et qui sert à puiser l'eau dans un seau. Il s'en va comme un

---

[1] Dérivé de *chignon*. — [2] Dér. de *chapiteau*. — [3] Dér. du lat. *cavare*. — [4] A Sancergues. — [5] Dér. de *chemisette*. — [6] Dér. de *chenille*. — [7] Dér. de *chose*. — [8] Aux environs de Blois.

*cofignau*, se dit d'un homme qui a le dévoiement.

*Coinche*, — auge en pierre.

*Colas*, — geai (oiseau).

*Colle (pousser une)*, — faire un mensonge.

*Coque*, — souche, racine.

*Coquin*, — gentil.

*Corniau*, — chien mâtiné, qui n'est pas de race; — nuage noir.

*Cortines* [1], — rideaux de lit.

*Cosse de noix*, — mauvaise plaisanterie en parlant d'un bossu.

*Cotis*, — froissé, meurtri.

*Couagne* [2], — cousin, parent.

*Couïsse*, — poule couveuse.

*Coulureau*, — ruisseau, égout.

*Coup (un bon)*, — une bonne fois, complétement.

*Coupé en deux*, — interdit, désorienté; réduit à néant.

*Courou*, — verrou.

*Courouiller*, — mettre le verrou.

*Coutéger*, — tenir de près quelqu'un de qui on espère quelque grâce, quelque faveur. *C'te fille est bin coutégéé*, pour dire qu'elle est bien recherchée en mariage, qu'elle a beaucoup d'adorateurs.

*Couton*, — côte, tige.

*Coyon*, — homme qui se mêle des détails du ménage.

*Cramoue (il, elle fait la)*, — la moue.

*Cras*, — crachat.

*Crela (maigre comme une)*, — échalas; maigre comme un échalas.

*Crenne (terrain encrenné)*, — chiendent (terrain rempli de chiendent).

*Crésiller*, — cri du bois, du fer, avant de se rompre.

*Creuse de noix*, — coquille, coque.

*Crot*, — trou, pièce d'eau.

*Crotter*, — creuser.

*Cuissin*, — coussin, oreiller.

*Culard*, — feu follet.

*Curter* [3], — élaguer, nettoyer un arbre.

---

[1] Dérivé du latin *cortina*. — [2] Dér. du lat. *cognatus*. — [3] Dér. du lat. *curto, arc.*

# D

*Dame*, — arrêt en terre dans un fossé, témoin de terre dans un déblai.

*Damée ( fille )*, — enceinte, devenue dame.

*Damer*, — battre le terrain avec l'instrument de paveur appelé *Demoiselle*.

*Dardler*, — trembler de la fièvre, ou de colère. — *Dardler (se)*, s'élancer impétueusement.

*Débiter*, — détériorer, gâter, souiller une chose.

*Débringuer, débringué*, — démantibuler un ouvrage compliqué; mal mis, débraillé.

*Debsilier*, — gâter quelque chose.

*Décancher*, — débarrasser, tirer d'une difficulté; défricher, changer une terre de nature.

*Décotter*, — cesser : Il ne *décotte* pas, il ne cesse pas; se dit de celui qui a quitté sa tâche avant qu'elle fût achevée, ou de l'importun qui n'a cessé de solliciter qu'après avoir obtenu l'objet de sa demande.

*Décoynner*, — se dit de celui qui ne veut parler ou lâcher ses écus.

*Décroché, décrocheté*, — ( voyez *Stouma* ); estomac à bas, constitution ruinée.

*Dégarsiller*, — abîmer.

*Déguincher*, — dévier légèrement.

*Dégusiller*, — déchirer, chiffonner.

*Démaçounné ( il n'a pas )*, — en parlant de celui qui, dans une conversation, n'a dit mot.

*Demenger, Demengeux*, — exiger, exigeant.

*Démonté ( être démonté )*, — embarrasser, être au dépourvu.

*Dénété*, — homme qui a perdu le nez, homme camus, qui a un nez court. (Voy. *Gueux de nez.*)

*Dépinter*, — commencement d'apparition d'un objet dans le lointain ou dans l'obscurité.

*Deplamy*, — celui dont le visage a blêmi par suite ou de maladie ou d'une action honteuse.

*Derliner ( son de derlin derlin )*, — commotion : les carreaux *derlinent* dans l'orage.

*Derrauge*, — vents tumultueux, débordements, orage, fracas.

*Détancer*, — perdre son temps.

*Déterger* [1], — désaltérer.

*Détorber* [2], *Détorbe, Détourbe*, — retarder; retard, dérangement dans un travail, une marche.

*Devaller, D'vallée*, — descendre, descente.

*Devant soi*, — fortune, ressources; se dit principalement d'une personne à marier qui a de l'aisance : Elle a quelque chose *devant soi*.

*Devise*, — subterfuge.

*Diâle*, — diable.

*Disandennes*, — cancans.

---

[1] Dérivé du latin *detergo*. — [2] Dér. du lat. *disturbo*.

*Disette* (*il y a de la*), — bruits mystérieux, critique de la conduite de quelqu'un; causette.

*Dispartie*, — limite de propriété.

*Dogne* (*un homme*), — un homme douillet.

*Divars*, *Divarse*, — plaisant, bouffon.

*Dogue* (*faire son*), — faire l'important.

*Dolordé*, — en parlant d'une fièvre, d'une migraine qui diminue.

*Dorloter*, — gâter, choyer quelqu'un.

*Dossée* (*de terre*), — rejet de terre.

*Douter*, — ôter quelque chose.

*Dressière*, — sentier, chemin qui raccourcit. (V. *Adresse.*)

*Dressoire*, — buffet où l'on met les assiettes.

*Dret en la rive, en dret d'là* [1], — indication d'un point.

*Dret* (*au*) *de soi*, — en face ( au droit ) de soi; chacun son écot.

*Drôlesse*, — petite fille ( dans un sens bienveillant ).

*Dusi*, — cannelle.

[1] A Issoudun.

# E

*Eberlobé*, — étourdi, braque.

*Ebouriffé*, — mal peigné.

*Écalé (être)*, — souffrir de la faim.

*Échenet*, — gouttière.

*Éclassé (être)*, — souffrir de la soif.

*Écoi (à l')* [1], — à l'abri du vent, de la pluie.

*Écorces*, — bottines en cuir à la mode du Berry.

*Écrasée (une)*, — endroit affaissé d'une haie.

*Éfier*, — édifier, planter, établir.

*Égouziller (s') (gosier)*, — crier à tue-tête.

*Émarauder (s')*, — s'impatienter, se mettre en colère, se fâcher tout rouge.

*Embarrassée (fille)*, — fille enceinte.

*Embouer (s')*, — s'enfoncer, se salir dans la boue.

*Embourcagé*, — terrain couvert d'arbres.

*Engraisse (le temps s')*, — se charge.

*Émoustiller*, — activer vivement.

*Empoujatté*, — plus qu'enrhumé ou enroué.

*Enbaufumé (il est)*, — quelqu'un qui est aviné ou enthousiasmé d'une chose.

*Enberné, ée*, — crotté fort salement, ou dans de mauvaises affaires.

*Enboullé*, — mêlé, embrouillé, confus.

*Enbrunché*, — se dit de celui qui a de mauvaises affaires par-dessus la tête.

*Encancher*, — embourbé. (Sens métaphorique.) V. *Ancancher*.

*Enchappes*, — glandes au cou. Au moyen de coups simulés avec le marteau à piquer la meule de son moulin, tout meunier possède, comme successeur de saint Martin, patron des meuniers, le don de panser et guérir les *enchappes*.

*Encornaillé*, — en parlant de celui qui a fait un mariage quand même.

*Enfantillange (dans l')*, — niais. (Voy. *Bordin*.)

*Enfondu*, — trempé par la pluie, mouillé jusqu'aux os.

*Enjioleux*, — enjôleur, conteur de sornettes.

*En pour*, — en échange.

*Enridelé*, — malade au lit (dans ses rideaux.)

*Ensemble (ils sont)*, — en parlant d'un homme et d'une femme vivant en société illicite.

*Envorner* (Voy. *Subtiliser*), — tromper.

*Envornement, envorné*, — enchifrènement, rhume de cerveau, enchifrené.

[1] En Berry, à Blois.

*Envoyeux* [1], — beau, donnant dans l'œil.

*Éparnit (il)*, — il fait des éclairs; se dit aussi des étoiles : elles *éparnissent*, elles paraissent. *Éparnir*, — éternuer.

*Épasse* [2], — moineau.

*Épivacée*, — mal peignée.

*Éplette (ça)* [3], — cela abonde; cela marche vite; cela est avantageux.

*Éplettes*, — instruments, outils d'un ouvrier.

*Équipe*, — bande, atelier d'ouvriers.

*Erbouller*, — rebuter avec rudesse et avec mépris.

*Erbouiser*, — repousser, éconduire.

*Erchanner*, — hennir.

*Erjimber*, — regimber, ruer.

*Erlinger*, — se dit d'un froid rigoureux qui s'adoucit : Le temps *s'erlinge*.

*Ermyeux* ou *Eumyeux*, — remmancheur de membres disloqués; le *meneux de loups* (*voy.* ce mot) du village fait ordinairement cet office, comme celui de panseur de chancres, de brûlures, etc.; de releveur d'estomacs et rates tombés ou *décrochés* (*voyez* ce mot.)

*Ernicter*, — plus poli que rabâcher.

*Essouriller*, — prêter l'oreille (comme une souris en éveil).

*Estringuler* [4], — prendre par le cou.

*Estendart (l')*, — l'arc-en-ciel.

*Esto* [5], — immobile.

*Etouger*, — conserver.

*Exprès*, — positivement, beaucoup; s'applique en général aux choses mauvaises. Exemple : Laid *exprès*, c'est-à-dire très laid.

---

[1] En Nivernais. — [2] Dérivé du latin *passer*. — [3] Dér. du lat. *impleo, repleo*. — [4] Dér. du lat. *strangulo*. — [5] Dér. du lat. *sto*.

[illegible] — [illegible]
[illegible] — [illegible]
[illegible]
fort.
[illegible] — [illegible]
[illegible]
[illegible]
[illegible] (y) [illegible]
[illegible]
en plaisantant qu'on va le [illegible]
[illegible]
[illegible] — acter, allez
[illegible] — [illegible]
[illegible] — [illegible]

# F

*Faciblement*, — très volontiers.

*Fafiau*, — éplucheur de mots.

*Fafignard*, — homme difficile et dédaigneux.

*Faicou*, — espèce de houe.

*Faix (en avoir tout son)*, — tant qu'on en peut porter.

*Faramine*, — bête féroce.

*Farfouiller, Ça me farfouille*, — s'applique au tiraillement d'entrailles.

*Fé (son)*, — son bien.

*Fébetté*, — faiblesse de tempérament ou d'esprit.

*Fébetter*, — parler ou agir d'une façon trop libre; commettre une action graveleuse : *Fébetter* selon les uns, et *histoire de rire* selon les autres.

*Ferlampié*, — écervelé.

*Ferlot*, — friand.

*Fernailler*, — régenter de la main.

*Fessouer*, — outil de vigneron.

*Féticier*, — qui cuit le pain à son four.

*Feugner*, — sentir, flairer.

*Finferluches*, colifichets, — brimborions, babioles.

*Firmatif (prendre au)*, — se formaliser d'une remontrance faite en plaisantant ou avec ménagement.

*Fisselle*, — adroit filou.

*Flageolet* [1], — espèce de haricots.

*Flagneux*, — flâneur, curieux, désœuvré.

*Flanquette (à la bonne)*, *Franquette*, — c'est-à-dire sans façon.

*Fleutre*, — grêle, élancé ; se dit principalement des bois étiolés, venus à l'ombre.

*Flûter aux oreilles*, — siffler aux oreilles de quelqu'un.

*Foindre, Foignu*, — s'affaisser, s'ébouler (se dit principalement des terres), diminution de volume (au figuré) : Il s'est *foignu*, il s'est amoindri ou rapetissé.

*Fombrau, Fombrayer*, — fumier, extraire le fumier d'une écurie.

*Fondrée*, — fondrière ; se dit, au figuré, en parlant de celui dont les affaires sont ruinées.

*Fonguler, Fronguler*, — effaroucher, chasser des animaux.

*Fouler*, — charger quelqu'un, lui nuire par un témoignage ou dans une répartition.

*Foullot*, — bourrasque de vent.

*Foupi*, — chiffonné.

*Fretailler*, — frapper.

*Fretasse (il n'en reste pas fretasse)*, — rien ; il n'en reste rien.

*Fringale, Fringalé*, — faim extrême, exténué de fatigue.

*Fringuer* [2], — se dit de celui qui fait le pédant, l'entendu.

*Friquet*, — écumoire.

*Froidir (il ne froidit pas)*, — se

---

[1] Dérivé du latin *phaseolus*. — [2] Dér. de *fringant*.

refroidir (il ne reste pas long-
temps en place).

*Fromion, Fromiage,* — fourmi,
fourmilière.

*Fumelle,* — femelle, femme (dans
le sens grivois).

*Fuyent (ses habits le fuyent),* —
se dit d'un homme amaigri,
qui marche à sa fin prochaine.
(Voyez *Branle dans ses habits.*)

# G

Gabegie, — ruse, tromperie.

Galerne, vent de galerne, Galarne, — est, vent d'est.

Gallaffre, — gourmand.

Gallauby, — mauvais sujet, vaurien.

Galope - science [1], — sobriquet d'un ignorant.

Gamboulles, — ampoulles.

Gamby, — qui a les genoux tournés en dedans.

Gangnage, — récolte.

Gapiers [2], — tas de balle d'avoine ; on dit d'une personne qui marche difficilement qu'elle va comme un limas dans les gapiers, comme une limace dans la balle d'avoine.

Gargaillou, — fruit de l'églantier.

Garnipliou, — mauvais et misérable garnement.

Gas, Ganet, Ganillon, — garçon et ses diminutifs.

Gâte, — malade.

Gaubarger, — se dit de celui qui se rengorge ou se prélasse.

Gauger, — enfoncer dans la boue liquide jusqu'au-dessus du quartier du soulier ou du sabot.

Gazut (manger son) [3], — manger son bien.

Genièvre [4], — sobriquet d'un homme dont les cheveux grisonnent comme une touffe de genevrier.

Gerly, — frileux.

Gimboize, — de côté, de biais.

Glotte, — paille longue, paille triée.

Glotton, et par corruption Gotton, — petite gerbe de paille longue ; brandon pour la pêche au feu sur les sables de la Loire.

Godlurio (Godleureau), — jouvenceau.

Gouiller (se), — se salir dans la boue.

Goulipard, — gourmand.

Goulle, — bouche.

Goullin, — bouchée.

Gour, — pièce d'eau profonde et bourbeuse.

Gouris, — petits cochons.

Gourmi, eau gourmie, — croupi, eau croupie.

Goursailler, — gâter, abîmer, saccager.

Grabuge, — bruit, querelle.

Gratte-oreille (rue de), — chemin où on hésite à s'engager.

Grenachou (chemin), — chemin fangeux.

Gremille, — grumeau, portion durcie d'un liquide.

Gremillon, — amande de noix.

Greuziller, — grignoter, mâcher indolemment.

---

[1] A Herry (Cher). — [2] En Anjou (vallée de la Loire). — [3] Dér. du lat. gazarum. — [4] A Herry (Cher).

*Grignaux*, — de mauvaise humeur, maussade.

*Grigne*, *Grignotte*, — petite parcelle d'une chose, une miette.

*Gromler*, — râler, murmurer.

*Gromouneux*, — grognard.

*Grossier*, — gros et gras.

*Grouée*, — couvée de poulets, de canards.

*Grouër :* — se dit d'une maladie, d'un orage, d'une querelle qui se forment : se dit aussi d'une poule, d'une cane qui a mené ses petits à bien.

*Grouiller*, — commencer à remuer.

' A Herry (Cher).

*Grouin (il y a du)*, — du bruit, de la querelle.

*Grous (les)*, *les gros*, — se dit des riches.

*Grugeur*, — celui qui gruge.

*Gueule carrée*, — sobriquet d'un beau parleur.

*Gueule fraîche* ', — d'un ivrogne.

*Guette* ou *Liette* (voyez ce mot), — armoire, tiroir.

*Gueux de né*, — pauvre de nez, camus, ayant le nez court.

*Guinche ( il, elle ne fait pas la )*, — en parlant de celui, de celle qui ne baisse pas la tête après une mauvaise action.

# H

*Héger* ( *faire* ) *le chande*, — faire rouir le chanvre.

*Heure* ( *à quelque* ), — dans quel-que temps, tôt ou tard.

*Horreur*, — erreur.

*Houme* ( *nout* ), — notre homme ; manière de s'exprimer d'une femme en parlant de son mari.

# I

Imbria [1], — hébêté comme un homme ivre.

Infruit, — jouissance de biens, usufruit.

Itou, — aussi.

[1] Dérivé du latin *ebrius*.

# J

Jabler, — gauler des noix.

Jabra, — femme déhanchée.

Jagneau, — faux, en dessous.

Jagner (se), — se cacher en se baissant.

Jiau, — clôture avec des échalas.

Jibler (se), — s'élancer à corps perdu.

Jigan, — boiteux d'une jambe.

Jirande, — femme en couches jusqu'au moment des relevailles.

Jillé, — petite seringue de bois de sureau.

Jinguer, — lancer des coups de pied et des coups de poing.

Joûtes, — limites, lignes séparatives des propriétés. *Joûtes (donner des)*, — se dit ironiquement de celui qui mange son bien, qui vend sa propriété.

Jut, Jute (terrain), — nivelé. (Voyez *Ajuter*.)

# L

*Lacs,* — sangle de la corde à haler les bateaux.

*Lambriches,* — franges.

*Landiers ( les ),* — chenets de cuisine.

*Langue de peille,* — langue de vipère ( injure ).

*Langout,* — orvet (reptile).

*Languet,* — chenet.

*Lappes,* — capitule de fleurs ; tête de la plante appelée *bardane* [1].

*Las ( en avoir tout son las),* — en avoir assez pour se lasser.

*Lauche,* — bande, tranche de terre.

*Léchouin,* — friand.

*Lian,* — loin, éloigné.

*Lictin,* — savant.

*Lien (on voit le),* — c'est presque fini.

*Liette* ou *Guette* ( voyez ce mot ), — armoire, tiroir.

*Limas,* — limaçon, limace.

*Lizardier,* — qui s'en va lisant.

*Lizotter,* — lire.

*Lordenne,* — migraine.

[1] En latin *lappa.*

# M

*Machin*, — il se dit en parlant d'un objet dont on ne trouve pas tout de suite le nom propre.

*Maçounneux*, — quelqu'un qui parle entre les dents ; il se dit aussi de celui qui grignotte, qui mange lentement.

*Madine oui, madine non*, — ma foi oui, mon Dieu oui, mon Dieu non.

*Ma foi, ma loi* [1], — très certainement.

*Maihon*, — maison.

*Mal ( elle s'est fait )*, — il se dit d'une femme qui a fait une fausse-couche.

*Mal ( elle est ) sur elle*, — se dit des incommodités des femmes.

*Mal ( il, elle tombe d'un )*, — s'entend de l'épilepsie.

*Mal ( il, elle se trousse )*, — en parlant de quelqu'un qui tombe en pamoison.

*Malandre*, — maladif.

*Malice ( mettre en )*, — impatienter.

*Malin ( j'ai eu le )*, — j'ai eu le cauchemar.

*Malin*, — méchant.

*Maloche*, — gros maillet à fendre le bois ; se dit aussi en parlant d'un sot : c'est un *maloche*.

*Manger son pain*, — dîner ; se dit des ouvriers.

*Mardelle*, — trou d'où l'on a extrait anciennement de la terre ; enfoncement boisé.

*Mârer*, — presser en meurtrissant, fouler.

*Maroner*, — grogner.

*Marsèche*, — orge.

*Mascander*, — gâter quelque chose, fracasser.

*Masc ( la )*, — dernier né d'une couvée.

*Matinau (vent)*, — vent du matin, vent d'est.

*Matrinte*, — mon cher, ma chère.

*Maugin*, — idiot.

*Maugrèger* [2], — maudire, donner des malédictions.

*Mazibler*, — écraser en mille morceaux.

*Mazier*, — fourmilière.

*Médiciner*, — traiter en disant des paroles magiques.

*Mendiants ( bestiaux )*, — bestiaux malades.

*Mendionner*, — manger à midi.

*Meneux de loups*, — sorcier qui a la puissance de fasciner les loups, qui s'en fait suivre, et les convoque aux cérémonies magiques dans les carrefours des forêts.

*Mé ( ma )*, — ma mère.

*Mer ( vent de )*, — ouest ; vent d'ouest.

*Mère Michel*, — truie.

---

[1] A Issoudun. — [2] Dér. de *maugréer*.

*Meshui* [1], — dorénavant.

*Met*, *Mette*, — coffre où l'on fait le pain.

*Mettre*, — *la rivière met dans cette prairie*, — déborder, la rivière déborde dans cette prairie.

*Méyenne*, — méridienne ; repos de midi.

*Mic* (*manger de la*), — plaider.

*Mignon*, — aimable, gentil.

*Mirlet* ou *Miclet*, — miroir.

*Mitan*, *biau mitan*, — milieu, beau milieu.

*Moder*, — lâcher des bestiaux.

*Mojette* ( *d'un œuf* ), — jaune de l'œuf.

*Mou*, *Moule*; *elle est moule comme un cros*, — mouillé, mouillée ; trempée comme un étang.

*Moussine*, — bouquet de raisins.

*Murgée* (voyez *Perroy*), [2] — tas de pierres dans les vignes.

*Murio*, — meule.

*Musiquer*, — faire de la musique.

*Musse*, — trou ou passage cylindrique ou conique.

*Musser* [3], — passer à travers, par un trou ; se glisser.

[1] *Voyez* Rabelais, Amyot, etc. — [2] En Nivernais. — [3] Dér. du lat. *mus*, souris.

# N

*Nappin*, — essuie-main.

*Nasiller*, — jaser avec malveillance.

*Nazillard*, — fâcheux.

*Netteger*, — nettoyer.

*Neuillon*, — amande de noisette.

*Ni oui, ni non, ni nanny (il ne dit)*, — il ne veut ou ne sait rien dire.

*Nogier, Nougier, Nouatte*, — noyer (arbre). ( Voyez *Calonnier.* )

*Nourre bien (il se)*, — il se nourrit bien, il engraisse.

*Nourrin*, — petit cochon.

*Nouzille*, — fruit (noisette).

*Nisse, nuisse (porter)*, — nuire, porter préjudice.

# O

*Oeille (l')* [1], — l'oreille.

*Olourse*, — reproches.

*Ouais - Dieu*, — élévation à la messe.

*Ouaille, Oueille* [2], — brebis.

*Ourdon*, — rangée de javelles ; andain de fauchaison : portion de tâche.

*Ouste* [3], — logis, habitation.

*Ouzille*, — oseille.

*Onze écus (fille qui n'a que)*, — qui ne possède rien qu'elle-même.

*Orières (les)*, — ornements de noces de la mariée.

[1] A Herry (Cher). — [2] Dérivé du latin *ovis*. — [3] Dérivé de *hôte*.

# P

*Pagnot*, *Pagnotte*, — mou, pusillanime, sans énergie.

*Paillon*, — grand panier sans anses.

*Panner (se)*[1], — s'essuyer.

*Panser*, — guérisseur de plaies, d'entorses ou de membres démis. *Panser par secret*, — traiter un animal par des moyens cabalistiques.

*Papillottes*, — éblouissements des yeux.

*Parer les bêtes*, — mener les bêtes aux champs.

*Parsais*, — pêches de vigne.

*Part (en qucique, en quelque)*, — probablement.

*Passe (il, elle passe ben ou mal dans le monde)*; — il se dit de celui qui jouit d'une bonne ou d'une mauvaise réputation.

*Pater*, — marcher dans la boue qui s'attache aux souliers.

*Pauperdine (domaine de)*, — pauvre-dîne ; nom bizarre d'un domaine près du Coupoy (Cher.).

*Paultré*, — foulé aux pieds.

*Peillerau*[2], — marchand de peaux de lapin.

*Pchié*, — becquetée.

*P'chon*, — parcelle.

*Pè (mon)*, — mon père.

*Périment (périr)*, — précipice, lieu dangereux.

*Perléché, ée*, — freluquet, faquin.

*Perlucher (se)*, — promener sa langue sur ses lèvres après avoir mangé quelque chose de bon.

*Perroy* [3] (voyez *Murgée*), — tas de pierres dans les vignes.

*Persigner* ou *Perseigner*, — guérir en faisant des signes, des croix, et en disant des paroles.

*Person*, — cloison ; enceinte à part dans une étable.

*Perteau*, — pertuis, trou, ouverture.

*Pèse-les-œufs*, — sobriquet d'un homme chiche, qui choisit le bon pour lui.

*Pessiaux*, — échalas de saule.

*Peteriaux*, — branches parasites qui poussent du pied de l'arbre.

*Petit (ça petit que j'avons)*, — expression humble de celui qui parle de son avoir, de ses biens, de sa fortune.

*Petits (les)*, (voy. *Gros*), — ne se dit qu'en parlant des gens du peuple.

*Pet-en-l'air*, — vertugadin ; gros bourrelet porté par les femmes sur le caraco.

*Pettouée (lever la)*, — se dit d'une veuve requinquée.

*Pétouillon*, — faiseur d'embarras pour des riens.

---

[1] Dérivé du latin *pannus*. — [2] Dér. du lat. *pellis*. — [3] Dans le Sancerrois.

*Pichet*, — petit broc de terre, pot à eau.

*Pichier*, — broc.

*Pige, Piger*, — mesure, mesurer.

*Piolé, ée*, — se dit d'une personne qui a la figure tachetée.

*Pitrer*, — piétiner.

*Planpoing* (*plein poing*), — poignée d'une chose, de chanvre.

*Platraus, Platrou*, — rampant, servile, qui se plaint pour avoir quelque chose.

*Pliot* (*vent*), — vent d'ouest.

*Plot*, — billot de bois.

*Plotter*, — donner une roulée.

*Poëlée*, — repas fait après la moisson ; régalade d'ouvriers.

*Pointu* (*vent*), — air, vent qui pique.

*Pois*, — haricots.

*Pontforche*, — appui, soutien.

*Populer*, — croître, multiplier.

*Portement*, — santé, comment on se porte ; demander à quelqu'un son *portement*.

*Pourrichinel*, — polichinelle.

*Poussieu* (*faire du*), — faire des embarras, de la poussière. Au figuré : donner une mercuriale.

*Pris* (*le temps est comme a*), — le temps est comme hier, comme il a commencé, il continue.

*Prix que* (*au*), — à mesure que.

*Promrage*, — fruit ; terrain de primeur.

*Prou saoul* (*beaucoup saoul*), — qui a bien mangé.

# Q

*Quasiment,* — en quelque sorte.

*Quant et lui, elle,* — avec lui, avec elle.

*Quesmandeux,* — pique-assiette, parasite.

*Queue-fi, queue-mi,* — comme tu me fais, je te fais.

*Quiacrer,* — bavarder.

*Quiller* [1], — glisser.

*Quinté (être),* — être de travers.

[1] A Villegenon (Cher).

# R

*Radon,* — gratin, ce qui s'attache au fond du vase quand on fait cuire de la bouillie.

*Raffut,* — grand bruit, bruit confus et prolongé.

*Ragache, Coup de ragache,* — averse, coup de hasard, raccroc.

*Ragario,* — mauvaise influence.

*Ragatonner,* — répéter toujours la même chose.

*Raie (en), Cela vaut 5 fr. en raie,* — terme moyen, l'un dans l'autre.

*Raie,* — sillon.

*Ramilloux* [1], — rameux, branchu.

*Raper, Rapage,* — exploitation de menus bois, nettoyage après la coupe d'un taillis.

*Rancouy,* — dur à cuire.

*Rate des jambes,* — mollet.

*Rasibus de...* — au niveau de...

*Rauger,* — nettoyer un enfant au maillot.

*Rayer, le soulé raye,* — rayonner, luire, le soleil luit.

*Rebasser,* — remonter des bas.

*Reber (se),* — se tromper.

*Recarrelage,* — mariage d'un veuf avec une veuve.

*Réchaud (se coucher au),* — se coucher sans refaire son lit.

*Refaire (nez, jambe, à),* — nez, jambe, mal faits.

*Rémarnûment,* — se dit d'un bien-faiteur : A son grand *rémarnûment,* j'ai obtenu telle grâce, telle faveur.

*Rembarrer,* — tenir tête à quelqu'un, déjouer ses projets.

*Rengréger,* — en parlant d'un malade dont l'état empire.

*Répecquer,* — récupérer.

*Répond (il n'a rien),* — il n'a rien répondu.

*Retrou* [2], — bourde de bateau cassée, formant écueil dans une rivière.

*Revuglyer,* — rouvrir les yeux, revenir à la vie.

*Rignan,* — grognon, déplaisant.

*Ribambelle,* — série.

*Ride (la Loire se)* [3], — montre ses sables : *Elle n'a que la peau sur les os* (mot d'un député d'Indre-et-Loire).

*Rlangi,* — bonace du temps après une tempête, un froid rigoureux : Le temps est *rlangi.*

*Risque-tout,* — sobriquet d'un homme ou d'un cheval qu'on ne ménage pas.

*Rotte,* — lien avec lequel on lie les fagots, bottes, etc.

*Rouatin,* — en parlant de quelqu'un dont il faut se défier.

*Rouette,* — baguette, lien de bois.

*Rougigner,* — ronger.

*Rouïn,* — ornière.

---

[1] Dérivé du latin *ramus.* — [2] Terme des bateliers de Loire. — [3] A Saumur

*Roujon ,* — chose rongée.

*Roule de bois,* — amas de bois en-cordé : Roule de 5, 6, 10 cordes.

*Roumer,*[1] — respirer avec oppression et bruit.

*Routin , Rotin , Rotine ,* — petit chemin.

*Rouyée,* — roulière, blouse.

*Rude , Rude bon ,* — extrêmement, extrêmement bon.

*Rudeger,* — rudoyer, traiter avec rigueur.

*Ruesse ,* — petit bois , accrue.

[1] Dérivé du latin *rumor.*

[illegible]
[illegible]
[illegible]
[illegible]
[illegible]
[illegible]

# S

*Sabot* (*casser son*), — se dit d'une fille qui a failli... (Voy. *Cliocher.*)

*Sabouler,* — secouer, malmener.

*Saccage,* — grand amas confus.

*Salignon,* — coffre en forme de chaise, où l'on met le sel à la cuisine.

*S'appâter,* — porter les aliments à sa bouche.

*Sangsuie* ou *Sangsure, Sangsurieu,* — sangsue, preneur de sangsues.

*Sarcoter,* — piquer un cheval rétif, une bête difficile, — chercher, fureter.

*Sater,* — presser, fouler.

*Secousses* (*à petites*), — par petites fois.

*Sener,* — semer.

*Séron* (*personne qui taille son*), — paquet de chanvre, de chenevottes ; personne qui s'en va, qui se meurt.

*Serre,* — vallée étroite.

*Siéger* (*se*), — s'asseoir.

*Simer, l'eau sime,* — s'infiltrer, l'eau s'infiltre.

*Sindin,* — ingénu, simple, niais.

*Siner,* — aspirer fortement une prise de tabac.

*Sinse,* — torchon de four. Se dit, au figuré, de quelqu'un qui est sale et dégoûtant.

*Smondre, Smonneux,* — inviter à la fête, aux noces, qui invite.

*Solar, Solaire, Vent Solar,* — du midi, vent du midi.

*Son, J'ai son, t'as,* — sommeil, j'ai, tu as sommeil.

*Sordé* [1], — idiot.

*Sordon* [2], — source, fontaine.

*Sornaitie,* — action dissimulée.

*Sornette,* — sobriquet.

*Sottisieux, se,* — diseur de sottises.

*Soubransier,* — homme servile.

*Soudé* (*payer le mal*), — porter le péché, la faute d'autrui.

*Soulé,* — soleil.

*Soumard,* — sournois, rancunier.

*Sphon, Sphonne,* — jumeau, jumelle.

*Sta bo !* [3] — exclamation des laboureurs pour arrêter leurs bœufs.

*Sti-cy, Stel-là,* — celui-ci, celle-là.

*Stouma,* — estomac.

*Subtiliser,* — tromper adroitement. (Voy. *Envorner.*)

*Sué, su,* — sureau.

*Suplice* (*Saint-*), — Saint-Sulpice.

---

[1] Dérivé du latin *sordes.* — [2] Dér. de *sourdre.* — [3] Expression toute latine : *Sta bos !* se dit dans le Bourbonnais.

# T

*Tailler, tailler pension*, — fournir, fournir pension.

*Talbault* (*saint*), — saint Thibault.

*Talle*, — branche d'arbre, tige, brin.

*Taller, tallé*, — meurtrir, meurtri.

*Tanner*, — frapper à poing fermé.

*Tard-Donne* (*domaine de*), — nom bizarre d'un domaine en Berry.

*Tel, Telle*, — cette chose est restée *telle*, c'est-à-dire dans le même état.

*Temps* (*à*) *et heure*, — à loisir.

*Tenon*, — cuve à lessive.

*Terbouler*, — remuer, troubler, bouleverser.

*Terluster* (*se*), — s'agiter, se tourmenter.

*Timber*, — tomber.

*Timberiau*, — tombereau.

*Tint* (*il*), *le mal le tint*, — il tient, le mal le saisit.

*Tirpler*, — tirailler.

*Tonner*, — sonner.

*Toqué* (*il est*), — il a la cervelle fêlée.

*Torgnolle*, — coup sur la tête.

*Tortin* [1], — cauteleux.

*Toto*, — niais.

*Totouner*, — se remuer beaucoup pour ne rien faire.

*Touche de mulets, d'ânes*, — bande, troupe de mulets, d'ânes.

*Toucher*, — aiguillonner; *toucher les bœufs*; — presser une chose, une affaire.

*Tourner midi*, — manger avant midi, dîner avant midi.

*Tout à catons*, — se dit d'une substance qui se prend en grumeaux ou en paquets.

*Tout à l'heure*, — tout de suite.

*Tout bon, tout bête et point fin*, — se dit d'un sot.

*Tournure de terres*, — sole de culture. *Tournure* (*d'habits*), — vêtement de rechange.

*Traine* [2], — chemin boisé du Berry.

*Tralle*, — sec, hâlé.

*Traversé*, — se dit d'un enfant lutin, tapageur.

*Traversin* (*faire du*), — démarche avinée; aller d'un côté à l'autre de la rue.

*Trayon*, — tas, monceau de fumier.

*Treu*, — homme malpropre.

*Tricoises*, — tenailles.

*Trigaut*, — tricheur.

*Trompe-Souris*, — nom bizarre d'un moulin près Léré (Cher).

*Trop-t-aise le tint.* (*Voyez* ce dernier mot). — Il ne sent pas son bonheur.

*Trop ben*, — beaucoup.

---

[1] Dérivé de *tortueux*. — [2] *Voyez* roman de *Valentine*.

*Trouffio*, *Trufau*, — bûche de Noël.

*Trouillé*, — souillé, sale.

*Truan*, — puant.

*Turne*, — réduit, bouge, caverne, cave.

# V

*Valiser (se)*, — se dit d'une personne qui a de l'amour-propre.

*Vallaupieu*, — coureur, vaurien.

*Vaqué*, — exténué de besoin, fatigué.

*Vasive*, — jeune bête ovine, en âge de porter.

*Veri*, — rouillé, terni.

*Verré*, — mûr, fait ; bois verré.

*Vers pissent sur le cœur (les)*, — mal au cœur.

*Vert (temps)*, — temps humide, qui fait pousser l'herbe.

*Veugne*, — se dit du linge presque usé.

*Violoneux*, — joueur de vielle ou de violon.

*Viquant*, — vivant.

*Virer*, — tourner.

*Viron (faire son)*, — faire sa tournée, voir si tout est à sa place.

*Volage*, — vif, emporté ; se dit des bestiaux difficiles à mener.

*Voyagère (pension)*, — pension viagère.

# Y

*Yê* (voyez *Aga*), — vois, regarde.

# Z

*Zigue*, — cheval ou jument de peu de prix ; se dit aussi d'un cheval qui marche l'amble ou le pas relevé.

BIBLIOTHEQUE NATIONALE DE FRANCE
3 7531 03971776 5